采芝歌

南书堂　著

长江出版传媒

长江文艺出版社

南书堂

1965年生，陕西商洛人，做过教师、公务员、媒体工作者。著有诗集《漫步者》《临河而居》《紫苜蓿》等。部分作品被译介到海外。

目　录

第二辑　推窗而见

第一辑

可能性

水 声

河水有说有笑
以我们听不懂的话语

但我们十分自信地假装听懂了
从古，到今
从圣人到凡人

礼　物

田坎的荒芜和一颗心的荒芜

完善了世界的荒芜

相互的对视，像是揣摩着

谁更适合作为馈赠给春的礼物

是的，礼物。就像所有废墟

都是赠给繁华的礼物

一簇迎春花，让我的揣摩

有了具体的归宿。它鲜艳的黄

迷人的小裙裾，怎么看

都像情人的打扮

当它小口径的吻印章一样

盖在田坎的胸脯上

连乍暖还寒的风，也舍不得

剪掉它们多余的风情

连我这个局外人

也悄悄藏起无名的妒意

送上一份祝福

此刻，我的心和田坎一样

渐渐绿了起来

却比田坎多出了烦恼——

春天这么大，事物这么多

我小小的心，该赠给谁

醉

一匹马来到原上
它踩出的蹄印，是一盏盏酒杯
斟满细嫩的风和雨水
一声声嘶鸣，仿佛
分送给人间的邀请函

此刻，我仍在宣纸上涂染
墨汁一样的孤独，我画的马匹
快吃光了我内心储藏的草料
是屋檐下的冰凌告诉了我赴宴的消息
它也替我先流下激动的眼泪

我还在恍惚。而画中的马匹
似乎就要冲出门去，急不可耐地
奔向它的天堂

早我而来的河柳已酩酊大醉
一些草木已绽开醉人的花朵……
我想我也该借助四两东风的酒力
醉它一回，哪怕醉成一片狂乱的春天

冰　融

冰面松动，粼光闪闪，　予我笑颜

我踩上去的印迹，恰似它

嘴角绽开的酒窝

此刻，花朵们还在襁褓里

这笑，宛若一朵朵早开的花儿

曾经的水，被迫改了形体

改了姓名，一副苍白

而冷酷的面目

拒绝过我数次亲近

这拒绝，如同我人生至暗时的心境

它终因风携带的消息

喜极而泣，而有了流淌之意

我终可站在溪边，用实证

立此一言——

没有谁，会拒绝春天

春的舞台

我蓄满浑身气力，却无处可使

它的牙尖顶出地面的样子

花蕾爬向枝头的样子，缓慢而艰难

我竟帮不上一点忙

它与冬不停地较劲、推搡

我也只能袖手旁观

我有一腔热情，却不及一股东风实用

我想替它把沉睡中的那些精灵一一喊醒

无奈没有雷声那么大的嗓门

我还在为我的派不上用场

而尴尬着，不安着

它已搭设好了一个锦绣舞台

并走过来恭谦地说：请了，请了

投降书

花的暴动如此锐利

就连惯以艳丽自居的鸟

也得让开道儿，贴着水面低低地飞

花朵们集中火力，往红里开

往黄里开，往白里开

往我紧闭的心里开

往美能抵达的地方开

谁也无法阻止它们由谷底

往山顶挺进。即使从杜甫的诗中

调来长安水边三千佳丽

也不能逼退它们

我是山上最后一名冬天的残兵

终将放弃所有守地

我给北方以北的朋友发微信：

"请速来增援，否则

我独自去做幸福的俘虏"——

既是邀请函，又是投降书

我已向许多事物投降过了

写这样的投降书

当是我最为乐意的事

与春风饮

酒局毕，众人四散
独自在夜路上摇晃，却觉
谁一直相伴

似有附耳之语：可饮一杯？
凭语气和手感，我判断
他是比我还孤独的春风先生

拱手作揖，我们不问来处
席地而坐，我们便是
惺惺相惜的人

他的酒清香迷人
我借来路灯的杯盏
春风兄，咱们喝，喝

亦幻亦真的推杯换盏间
我已大醉，而他
意犹未尽，愈见精神

我被送至小区门口

挥挥手：你也回家吧

却早忘了，他家在哪儿

春分日

天地难得这样的好心情

阳光、云朵、山川都有一张

温和的脸，风的脸看不见

伸来的手同样温柔

草木们像欢迎久不相见的亲戚

盛开的鲜花铺张如隆重的礼仪

我的郊游，有了孔子弟子当年

风乎舞雩的悠然与欢畅

我想以穿梭其间的蜜蜂为师

来领受和传递这份友谊

"你好！" 我跟一群锦鸡打着招呼

锦鸡"你好，你好" 连声回应

谁都可以作证，我们

已抹去两个物种间固有的恩怨

桃花雪

如此轻盈，快落下了
又蝴蝶般跃起
仿佛不是来自天上，而是
由大地向天上派送

人间已春，天空在清理过期的库存
这雪，因没了身负的使命
而悠闲得像
前来赏春

也更美
像桃花的表妹

心灵的峡谷

一只鹰时而是你全部的穹顶，时而
是你搁置在半空的小心情
林木、瀑流、鸟鸣，这些单纯事物的
绝妙搭配，怎么看都像一个世界
高贵的原版。美好至此，连神的嫉妒
也拿你没有办法

我的心灵，与你一样曲折迂回
一样别有洞天，一样有一只鹰盘旋
然而它的林木被毁，瀑流式微
鸟鸣也因我的一再殖民而丧失原音
我的心灵，空怀一副峡谷之身

也许你捕捉到了我的心灵的声脉冲吧
此刻，它已羞愧难当
它的羞愧是一种病
　（不羞愧是另一种病）
峡谷啊，如果想救它，请开个药方
如果不想救，请用你的美，埋了它

时间的间谍

时间里也有间谍。它们

伪装成九月的模样，从溃退的八月

混进了这个秋天

它们能做的事无非捣乱，捣

气象之乱与物象之乱

让你享受不到天地应有的凉意

让遥远之地的冰山多融化一些，显出

可供它们一乐的人类灾难

但间谍们终是惊恐、心虚

它们比谁都清楚与时间对抗的结局

何其重要

蝉在叫，叫声里只一个词
所有蝉，叫着同一名字

这个名字何其重要啊
所有蝉，不惜耗尽一生

请允许

馈赠者甘愿馈赠
领受者欣然领受

当天地间的默契
被确立为秋的法典

请允许一棵柿树
仍站在悬崖边

请允许它不理睬风的警告
请允许它不肯弯腰

红彤彤的柿子太诱人了
却无人够得到

请允许一棵树的考题
难度这么高

请允许这难度
成为秋的法典中新的条款

蛛网，或座右铭

书房窗角一张蛛网

我挥手抹去一次，过一两天

那儿又挂一张

我的天下，竟也是一只蜘蛛的天下

我有一毁再毁的权力，它竟有

一建再建的能力

在毁灭与重建的反复较量中

似乎蜘蛛比我更具耐心

一日，我伸出的手，终于缩了回来

令我住手的

是我的怜悯、羞愧

还是蜘蛛的永不言败

自此，那网就谁也不许动地挂在窗角

我写作困顿时总想半途而废

别的事也常这样

这网正好为我一用

成了时时提醒我警戒我的座右铭

味　道

尝遍时间的味道，唯有三月

带着一种无尽的甜

你说这话时，几声鸟鸣

像是朝薄雾里又撒了几勺糖

你悄悄拉起我的手

我俩仿佛又走在多年前

心灵放电，舌尖沾满

爱的滋味的小路上

我知道打断一个女人的回忆

是残忍的，就一直攥住你的手

像薄雾一直缠绕着山坡的腰

你却突然问我：爱到底是

成全了我们的味蕾

还是摧毁了它？

难以理清的话题，令两个

长于争辩的人陷入尴尬的沉默中

就像漫山的野桃花和

昨夜的一场小雪之间

出现的尴尬和沉默

情人节

春江水暖，鸭先知
比春江水暖还着急的一个节日
鸭也先知

枯水期，河水小而浅
但一对野鸭子，已把它当成了
爱的天下

所谓爱，无非
一起游动，一起呆立
一个啄一个的羽毛

无非一个羞涩地
把头埋进水里
一个绕着一个不停转圈

爱，是一对野鸭子的事
欣赏爱，水的涟漪
岸上的我们，都乐意

想一个人的时候

想一个人的时候
风吹得很轻，像没有风
风也可能吹得很猛，把想念吹疼

想一个人的时候
花朵在帮我想，花朵帮不上的
就托付给蝴蝶和蜜蜂

想一个人的时候
山踮脚远望，水急奔的样子
仿佛唯恐耽误了送出的信函

想一个人的时候
白云穿着白裙，乌云穿着黑裙
一道闪电：甜美的舌尖

这样想一个人的时候
我已说不清自己
身在哪个年代

我的影子

有时在前，替我探路
有时断后，为我助阵
我高兴时它也手舞足蹈
我生气了，踢飞一枚小石子
它也踢飞一片虚空

决绝地消失，但一有光
又突然出现，仿佛光
才是它出生入死的疆场

我走向一面镜子，它也似
从生活深处走来
唯此时，我们会共用
同一形象同一表情
这当中，除了影像学原理
是否还包含了更为隐秘的东西

我转身离开，它仍紧紧跟随
因为它，即使我一个人的
旅程，也并非孤旅

我不是在这里过夜的人

坐多久了

该想的事，不该想的事，都被暮色一一抹去了

风拍拍我的肩膀，像是提醒

我不是在这里过夜的人

我像个装卸工

在空无人迹的山谷卸下一身疲惫与沉重

接着就得回到那片灯火辉煌里

重新装载生活的乱麻

天下母亲多么相像

垂柳长发飘飘，站在堤岸上
一声声呼唤，以我听不懂的语言
而春风、花朵、鸭子、燕雀……她的
孩子们全回来了

我像他们家亲戚
喜欢来玩游戏，吹柳笛

那时，我的母亲也长发飘飘，站在院边
一声声呼唤我们兄弟姐妹
我贪玩，迟迟不归
她的声腔就拖得好长好长
像拽着我似的

啊，天下母亲多么相像

卖药记

十一岁那年，我和母亲背着

我一个暑假采挖的药材

到县里去卖

三十里路上，我们母子

像滚动的一座大山和一座小山

我们想快一点到达

但路并不着急

它故意设置了许多水冲出的沟壑

让我们走得更难

倒是那些药材比我们还急

有的已借我们的汗水

把自己熬成了汤药

两座山，仿佛是被这苦味

推搡到收购站的

母亲买来两个苹果犒劳我

啊，那是我吃过的最甜的苹果

直到母亲从长长的队列里卖药出来

我还沉浸在香甜中

直到现在，这香甜犹未散尽

爱

河流已经干涸，却竭力留下几个小水潭
供野兽、鸟儿和夜里的星星饮用

热带密林里，一些鸟禽啄食了毒果子
在它们必经之地，密林又备下解药一样的斑土

黑夜令夜行者恐惧、绝望，黑夜又派月亮前来慰藉
它即使陪伴你一走千年，也不喊累、不嫌远

……世界确有残忍的一面，但这残忍
也把守着一道底线

河水之诗

河水也是位诗人，它写诗

谁也不知下一句会出现怎样的风浪

怎样的修辞，它的语言冲击力

会从哪个章节冲出决口

它永在抒情，即使诗里结满了冰

依然暗流涌动。何谓诗之真谛？

被争来争去的问题，答案

原来在它这里

大江东去抑或小桥流水

他们说：看，多么地宋词

而雕刻在堤岸石栏上的宋词们

心虚如被表扬错了的孩子

枯水期，他们动用机器铲平

河床上的沟壑与荒草

想让水改一改诗风

如你所料，水只抛下一个独句

像一根血管，在宽阔的河床上穿梭蜿蜒

树木之间

树木之间不存在

羡慕嫉妒恨

春风一吹，桃树开花

梨树也开花

桃花红美，梨花白也美

这美是互补、叠加的

仿佛树木原本的品格

没有谁觉得，蜜蜂忽略了哪朵

哪朵就卑贱

鸟儿歌唱了哪树

哪树就高贵

没有谁阻止谁，成为花神

即使一片树林、花海

也不见有什么争端与是非

来到它们中间

我尽量掩饰着自己

人的身份

河的乐谱

其实，河水的心思挺缜密的

绝不只是横冲直撞

你投入什么，水都记着

所以，两岸吃水线

有浅也有深，有白也有黑

一些水已到了大海

它们在这里刻下的最高线

却成为后来之水超越的目标

所以，无论何时，河床

都是竞技场，水都在比赛

而我更愿把那道道印痕

看作河的乐谱

让每条线代表不同音符

我见到的河水，没有不歌唱的

这也是我喜欢河的原因

我常常会在一条河边坐大半天

最喜欢水低吟浅唱

却最担心它们怒吼着

去撞击高音线

那很可能就是一场人间灾难

河床不是床

我们热衷的一件事，是把河床

改制成一张奢华的床

我们削去堤岸间可能撞伤水的石头

并雕刻出精美的图案

再更换丫鬟一样，走马灯似的

更换两岸树木、花草

还筑起一级级橡皮坝

想让水枕着它去做很蓝很蓝的梦

即使水彻夜未眠，密布的灯带

也会替它完成梦境

谁都知道，河床不是水躺下睡觉的地方

而是它咆哮奔腾的疆场

水不需要的，我们却如此上心

这其中的原委，并非秘密

但一河水怎么洗也洗不清自己

一只白鹤

小河的水，像流淌的寂然

一只白鹤，一会儿飞到左岸，一会儿

飞到右岸，像飞动的寂然

偶尔的叫声，像在呼唤的寂然

我来这里两次，中间相隔数十天

却看到相同一幕

我知道白鹤总是成双成对的

不知这一只为何形单影只

也不知它是不是上次的那只

如果是，我会伤感

如果不是，我更伤感

逼仄

偌大的江滨公园，我只见到一只鸟
它拥有这么辽阔的天空
这么多大树可供栖息
它偏偏站在一根细若游丝的草茎上
被压弯的草茎，虽有不堪之重
但也尽力搀扶着它的
数次滑落，数次惊魂不定
飞去又飞回，小鸟死死认定了
这根草，它为什么非要置自己于
如此逼仄之境？
令我吃惊的是，鸟的怪异之举
也发生在我身上——
公园里宽敞舒坦的人行道
似乎与我无关，我常走一条
坎坷而逼仄的小路
莫非这样的路，才适合我一走再走

木耳之诗

假如不存在耳朵，世界的美好

也是世界的残缺

假如你以人的偏见否定林木的听觉

有种耳朵状菌类植物

会突然出现在面前，给你一个

黑色幽默。事实上

凭借出色的听力，一棵树

听到的自然之歌，远比我们要多

音乐带来愉悦，愉悦滋生和善

其隐秘逻辑指向的真理性

常因我们的傲慢而更像一个谎言

但面对刀斧，林木总能宽恕

人性的贪婪；小小木耳也

勇如义士，甘愿成全我们的口福

和善还在延展。当木耳被搬进

时代的温室批量生产

一些事已发生微妙之变

当一棵树委身为塑料袋中的齑粉

它们仍忠实充当着树的耳朵

它们是一群宠儿，竟也谦逊地

倾听着培育它们的人的愁叹与喜乐

你无法听见它们的心声

却能觉察到与它们的生长一同

颤动的感恩之情。这些木耳

如此懂得感恩，我们却

仅想以之为食，而不愿以之为师

万寿菊之诗

倘若美可以计量，一万亩花枝

能兑换多少惬意和幸福

它们太美了，美得让别的美

皆已失色，以至于天上的云

黑着脸，不愿阳光再多给半点妩媚

甚至风也远远送来一个恶名

管它们叫臭芙蓉

——嫉妒与诋毁，似乎并非

专属于人性，而是万物的通病

但此刻，它天然的反证权重，只能

让我对花枝们更加信任

而来之前，我从没有想过它们

与我有何干系，就像我

从未关心过它们向蜜蜂的

小尖嘴里喂过多少甜蜜

我的心，已被俗世磨损得

太过迟钝，如同深秋的事物

早失去了蓬勃。而它们如此耐心

我不来，就不会衰败

漫漫花期，仿佛为我延长的

弯腰的秋天

沉甸甸的果实，让它们
本能地弯下了腰

也许大地上最初的善
经由此生

风像个检验师，殷勤地吹着哨子
在它们中间跑来跑去

谁一生不想获得一次贡献的荣耀
我看到，那些无果而卑微的草木
急切地抖落着一身叶子

它们如此恭谦
我们这些受赠者，岂能不报以
同样的礼仪

在秋天，唯有弯腰
是万物和人共同信奉的宗教

天那么高，是因为

大地上的事物都弯下了腰

芦苇的思考

水浅了，水草陆续枯亡
芦苇也老了，顶一头白发

思考是白色的——
冷风吹，这是它们唯一
能把握的结论

无数次摇头晃脑，甚至
浩浩荡荡思考过
但终未明白，它们对于世间
到底意味着什么

曾有人来到河畔，发出
逝者如斯的慨叹
——河水默认，它们却并不赞同
因为，它们就是反证

现在，更大的问题是
那些因它们而起争执的编织芦席的人
不见了踪影

现在，它们顶一头白发

仿佛思考本身

可能性

远远望去，是一片火海，在汹涌、蔓延
火的中心：一具黑骨架
难以分辨是树是人

到了眼前，却是一地羸弱、猥琐
听命于秋风的
粉黛乱子草

这草，为何示我以
迥异且对立的形象，难道只为
错乱我的感官？

我知道，我之所见
亦非它们的全貌
而未曾见到的，也许更令我着迷

我相信一片草的无限可能性

桂　花

不开花时，是一棵树
一开花，就是个美人
米粒般的金黄，是树的高贵
也是秋的本色，再加上
是爱的模样，才堪称完美
尤其那扑面而来的香
你一嗅，便会醉
倘若你把它当作所爱之人的
体香，连枝头的鸟雀
都愿送来歌唱

人生到了秋天
能令我动情的事物越来越少
即使动情，也多属伤感
在那么多枯萎和消亡中
桂花带着拯救的意味
灿烂地开了
——为世间的美，我的心

枯　叶

林子里的树叶说落就落

如同欢快地回家

在树下，来年孩童般的新叶

尽在它们的目视中

而街道上的梧桐叶就没那么幸运

一旦掉落，会被立即清除

那枯的蜷缩和翻滚里，似有

未竟之事的不甘和遗恨。所以

无论秋风和冬风怎么轮番呵斥

总有一些叶子拒不从命

挺立枝头直到新芽萌发

我想，这如同弥留之际的老人

见一眼儿女的心愿

连死神，都乐于帮助实现

无边落木

萧萧而下。杀戮声漫过耳际
萧萧而下。四起的哀鸣
替代了曾经的欢快之歌。此刻
不同的叶子，携相同的命运
向下落，向下落
滚滚江水，一如我难平的心

刽子手是谁
我无法看清他的面目
只看见他挥舞的风与霜的刀具
只看见秋一点点失血，黯淡，气息衰微
我知道这只是山野上演的一场
多幕剧，一幕的结局
为另一幕的开篇埋下了伏笔

田畴之寂

像一张无边的方格纸，写在上面的
密密麻麻的楷体字，已被白霜
轻轻拭去。不能再拭的几株柿树、泡桐
恰好作了这纸上家国的岗哨

我被允许，以一个独体字的模样
独自漫游，独自舒展筋骨
独自长出本义的根和引申的枝叶

田畴有短暂的轮歇，我有长久的寂寥

柳树的礼物

秋天了，万物各尽其所
纷纷献上自己的礼物

河堤上的柳树
没有花朵可献，没有果实可献

曾经遮天蔽日的树荫
已失去用场

没有谁怨怪，但它们
一夜间枯黄起来

枯黄的叶子，像羞愧
呈到你面前

你看，坚硬的石头路
铺上地毯，多柔软

秋的绝句

1

给田野披一身金黄
像刚落成的盛大宫殿
给一株野草加冕
像拥立一个王

2

给丰盈的礼赞，也给亏欠
给生的尊严，也给死
没有谁是多余的
没有谁不该舍弃

3

我要活命，它给予谷物
我要活得好一些
它送上天籁和花朵

我在林荫道上徘徊，它就落叶纷飞

4

该给的都给你了
如果还不够，它会献出
辽阔而干净的心
像天空，献出无尽的蓝

5

不施以说教，不留下格言
吹来的风，也不暗含人生隐喻
但它会悄然离去，让你
陷入难以名状的情感中

霜的手艺

时间派来一位调色师，你乐意不乐意
它都会涂上一笔，轻淡或浓重
由着它的性情。它手艺的误差
有时小到这山与那山的色彩并无区别
有时却大到草木间有了生死分野
万物的命运为何因它而定？
这疑问也像一物，被涂得一片苍茫
而它年复一年之于我的涂染
是否留有情面？多年里我只看见
我的头发被一点点涂白
现在发现我的心也在起变
比如，我把大地的清冷视作宁静
又比如，落叶飘零皆为蝴蝶舞动

储 存

是谁，在冬之大地上开设了
这规模宏大的银行？
枯叶如散钱，来不及一一清点
就被卷到灶洞的储蓄间
雨水被打制成一枚枚纯白的银两
储存在最为耀眼的地方
昆虫储存了鸣叫，麦苗储存了生长
遥远的地平线储存了
雷声与电闪……

想支取吗？那得付出高额的违约金
我去支取一曲清亮的蝉鸣
从薄暮中甩来的只是
乌鸦暗哑的半句哭声
我怀揣期待，去支取玉兰的优雅
牡丹的雍容、荷花的温情
只得到几枝枯梅

我有遗恨，却扇不响北风的耳光
那一年，我父亲把他也储存了进去

我支付过数以亿计的冥币

又在阎王殿前长跪不起，终被告知

那是一笔呆账

冬天里的公园

没有花朵，公园的失败感

犹如人生遭遇的不幸

寒冷里，一些花在孕育

一些花在休眠，只有到了春天

百花才会争艳，似乎它们

只愿为锦绣添彩

此乃世相，花相也来效仿

一座公园仿佛在替整个世界慨叹

但不必灰心丧气，因为

美好事物从不会绝迹

瞧，腊梅花蓦地站立枝头上

那一朵朵黄、一朵朵红，被鸟雀

当诗句朗诵着，被雪花

当情人亲吻着，被消失已久的

人们，当复又再现的理由时

风的呵斥也无法阻拦

现在，公园因重获体面

对寒冬已没了怨愤

就像人们，因盛开的腊梅

而爱上了这个冬天的公园

多少雪花才能把大地全都涂白

阴沉。灰暗。天空犹如
一张失血的脸
我沉默、冰冷，犹如
一块石头

山川隐忍，草木低垂
它们也只能接受
被狂风鞭笞的命运

但我仍相信
肯定有天使在巡游
在一步步靠近我们
比如雪花

我只是担心，大地上
这么多黑，多少雪花
才能把它全都涂白

菜缸里的世界

一只菜缸的世界里

藏着怎样的景象

母亲腌菜时，只撒了一些盐

并没放入更多东西

而它能给生活怎样的味道

冬夜漫长，我的梦

像一部部电视连续剧

但总有谁试图将其打断

以为是屋子老鼠、窗外野风

再听却像夏日河边蛙鸣

鼓动着一群螃蟹窸窣横行

梦境之后出现如此幻境

它们想对一个少年说些什么

直到一天夜里，嘭的一声

压在菜缸上的石头

被弹起，重重砸向地面

我才知道，一缸菜也有

它的故事，也能做出惊人之举

我呆呆站在那儿

像接受一次励志教育

爬坡记

一段土石公路，弯而陡
卡车吃力爬行
我们却骑在破旧自行车上
吹着自得的口哨
——再艰难的路，也能放飞青春

卡车像个好心人，允许我们
揪住车厢，省点力气去上学
偶尔的笛鸣，像是
与我们的欢笑声在互动
而我们也乐于看到它
用泥浆雕琢的作品：几具
会开口说话的泥塑

我们和爬坡的卡车似乎
存在一种合作
它把我们拽向坡顶
我们则像临时押运工，负责着
车上货物免遭扒窃

此合作持续了三年

我们也爬过了人生的少年

勾 兑

身怀优秀的小伎俩
像调酒师一样，我视勾兑
为立身之本

春天太明艳了，一些隐秘
被暴露，我以不请自来的
沙尘、雾霾做着勾兑
河水太清了，鱼会洞悉我的目的
搅浑泥沙，是我惯常的做法

我用高分贝的轰响勾兑
低音部的虫鸣
我在生活的逼仄里兑入
大剂量的悲欢离合

我向生里勾兑死，向死里勾兑生
让它们看起来情同手足
我向丑与恶里
不断勾兑着美与善

仿佛我的美学，我视勾兑

为立身之本

小雪的提问

早年教书时，我喜欢学生提问

也总能从那些满足的神情里

品尝到几分自得

一次，小雪问道

山坡上，树木花草那么多

却不见谁嫌弃谁，谁仇视谁

还枝连着枝叶挨着叶的

而山下的几十户人家

都沾亲带故，竟常常大打出手

树木花草能做到的事

为什么，人不能

我一时被噎住了

其实，直到现在，这问题我也答不上来

观安康职院人体标本馆

还蜷缩胎中，但已准备好了
看世界的一双明亮眼睛
他以未出生，实现了生之永恒
死了的人，还以骨架的方式
站立着，也像永恒之物

而我们，一群观者，却像
夹在这两种永恒之间
无法永恒的部分

参观图书馆、科技馆、院史馆时
我们兴奋、惊叹，指指点点
在这里，却鸦雀无声
甚至那些容器中的器官
它们历经的病变
有人都不敢正视一眼

我们为什么面对人类的终极问题
会选择沉默、回避
我们是在掩饰自己的茫然吗

喀布尔一幕

一个人想逃离家园，远走高飞
就做一只鸟吧
但他没有翅膀，只能趴在
另一只叫作飞机的鸟的肚子上

所有梦，都想做得圆满
但在喀布尔，当一只鸟被另一只鸟
从天空冰冷地抛弃
他独自的飞里
全世界的眼睛，都看到了
一个梦的破碎

他的飞是向下的
就像他的命运
他把自己飞成了自由落体
他把一个梦飞成无数梦

这一幕，全世界的眼睛
被硌得生疼

礼 节

外国人喜欢拥抱
中国人习惯握手

这两年，都变作了
击肘

如果回不到从前
记忆里的握手和拥抱
该多么美好

如果又回到从前
我们短暂用过的礼节
会不会，也是一份遗产

月　亮

月亮走在天空，总会碰到星星
倘若碰到别的一些事物
也许会被卡住，就像你常常
被卡在高速公路上

月亮卡在山垭，山垭像鸟巢
月亮像只脱壳而出的鸟儿
月亮卡在壳里的样子，急坏了
那身要向万物问好的羽毛

月亮卡在树丫上，仿佛
一个少年卡在小小的村口
能不能高飞远行
有时候，乡愁也是一道卡口

月亮卡在云间时，两朵云在吵架
月亮村长一样敲响铜锣
也没能镇住它们，却把自己
卡在了深深的无奈里

月亮卡在楼群间，像一个
落叶归根的人，踌躇再三
却不知走进哪个单元
——它卡在了茫茫孤独中

问　月

月亮还是那个月亮

古人今人不休追问

估计后人也是这样

如果加上动物植物

山川河流星星和神

问题会更多

月亮只有一个

只有一张嘴

即使它不休假不圆缺

也回答不完

所以它始终沉默

只抿嘴而笑

但这笑让我们

每每如获天下最好的药

虫鸣赋

一

到处是舞台，但已显空落
秋深了，虫子们的歌唱渐入尾声
仍有人来听，来看
虫子们并不打算加演
一个嗜歌如命的族群
却知进退。显然
对规律性的把握和遵从，它们
比人敏感

二

一直以为虫鸣在取悦于人
证据是，散步的人愈多
它们的表演愈卖力，愈得意
当你走近，它们却用
突然的暗哑，拒绝你
像你拒绝给虎捶背，或者

对牛弹琴

三

真正的疑惑：它们唱的什么？

虫子并非保密

而是迄今还没有谁

培养出跨越物种的翻译

所以，作为键盘手的日月

还在整日转悠

水面如荧屏，仍被船影租用

所以，你得再活五百年

在此之前，请做个好观众

请耐心品味这人神共通的歌声

四

不同乐章，歌手自不相同

春的欢快，蜜蜂唱

夏的热烈，青蛙与蝉唱

秋的从容，蟋蟀唱

季节之变，仿佛由这些歌声决定

而我们日渐衰退的感官

不知这些歌声

能否拯救

五

整个冬天，虫子们在黑暗的地下
蓄积着歌唱之力
偶尔，你不小心会挖出几只蛹
天生的歌者，蠕动里
也有歌唱的愿望
"每个虫子都想站在
来年的舞台上" ——
把它们重新置入温暖的泥土中
你的一句感叹，凝成
一朵雾气，像真理的胎衣

第二辑

推窗而见

地图山

那一片红，是桃花省

那一片白，是梨花省

黄的，迎春花省；绿的，松柏省……

门前山上的图案，被我当成

国家地图，每一片都对应着

地图上的一个省；穿梭其间的弯曲小路

被我当成想象中的长江、黄河

那时我还没去过其他地方

这座山，是我心中最初祖国的模样

它也给了如我后来走遍大好山河的豪迈

喜鹊筑巢的学问

做人类的邻居是危险的
但喜鹊固执地把家
安置在我们的头顶
它们熟谙如何规避风险
理想的选址，须是高大树木上
谁也侵扰不到的地方
对几何学的把握，又让
某个由几根枝干虚设的世界
总能为它们一用
世间风雨飘摇，有时连我们
也难以幸免，而它们仍可
坐拥枝头，无虞而歌
超凡的建筑大师，仅凭枯枝
就编织出了精美居巢
以至于一个国家奥体馆的造型
也来自它的启示
作为邻居，我们废弃的
布角、棉絮，并非就是
我们的情怀和温暖
却被它们一直喳喳念叨着
传递着一个种群的友善

观山记

借助雾的缭绕，雨后
一座山把身上的森林、寺庙、输电塔
兽们的追逐厮杀和
我的诸多祈求
统统清空，只留下一个
飘然欲飞的身影

据此，我认为山是有情调的
否则，它将永是一座
苦的雕像而不自知
而不会令我着迷于去探究它
更多的秘密

大雾是一座山给自己
设立的假日吧
它确应放松一下
就像一个人，在久长的生活重压里
总要觅到一刻闲暇，卸下身负的辎重

闲居帖

走了大半生
还身在秦岭中

以为对它早了然于胸
到头来仍一脸茫然

我已像接受它的辽阔一样
接受了自己的局限

我已习惯于在一个小地理间
听水声鸟鸣，看云聚云散

把种花、写诗当作修禅
像王维，闲居辋川

雪　野

一场雪里，许多事物被再度加冕

许多黑有了暂且的白

人世需要这一刻

需要一张初生婴儿的脸

绝　句

山上是雪，山下是雨
来自老天的同一恩赐
却冷暖各异

人间许多事，亦如此

丹江传

那时水大，河上船影如织

两岸码头繁华若市

水亦频频暴涨，毁灭田亩、家舍无数

人世兴衰，似乎皆与水有关

人们在叹息、诅咒、哭泣中还未

缓过神来，它却悄然布设下

又一轮蛙语稻浪，像是以此抚慰着

人间创伤，化解着人水恩怨

这样的日子，水一样汹涌、回环

人的命运，始终得看河的脸色

而丹江也有自己无法掌控的命运

掌控者是谁，草木与鸟兽

鱼群与人群，众说纷纭

总之它的水逐渐小了，船运早已废弃

唯船工号子还在两岸回响

水一小再小，我少年时常游泳的地方

如今，水仅能漫过脚踝

一湾湾稻香，只能在记忆里回味

而河曾经的壮阔，仿佛只是个传说

枯水期，当它枯瘦如一根绳子

不得不央求人们帮它

挽留下一条河应有的颜面

那一级级橡皮坝蓄积而成的水域

越是被灯带繁复掩饰

越像人们的一种自我救赎

在城墙下听秦腔

城墙古老、厚重

许多故事压在里面，需用

它们熟悉且同样古老的

唱腔唤醒；如果睡得太死

就用吼，来拯救

市井熙攘如潮，这皇天后土

长出的高腔，正好盖过

遍地纷乱喧响

人间大，但人渺小

一颗心藏不下那么多欢喜和块垒

唯拖长又拖长的声声吼，能让

那没有舞台可站的人

舒坦一回，高大一回

有人爱唱，就有人爱听

锣鼓梆子拉开序曲

已有魂魄醉迷

人生如戏：从城墙下经过

你可能是一个真理的

验证码，或者一个

很快进入剧情的角色

行道树

最初，这些树羞怯而自卑

像当初来到这里的我

随手一指，它们就会礼貌地欲和你相握

但它们的手臂刚刚被砍过

人流汹涌，我如浪花一样沉浮，虚幻

而行道树们却澎湃得像给生活

撑起的一把把巨伞

在它们的影子里，我已习惯了欣赏

光的影子、时间的影子

众多我的影子

闪电和雷鸣因被树冠阻拦而

气急败坏的影子

我对影子的兴趣使我丧失了

对事物本源的认知

甚至在专注于树干上虫洞的故事时

也没有想到它应是

一棵树的故事

是的，我习惯了对庞大之物

视而不见

也有例外。一次
我驱车沿街飞奔
看见行道树纷纷后退
它们可能以为我遇到了险情
急匆匆去围堵后边的追兵

再写行道树

行道树已不是心无旁骛

想怎么长就怎么长的树，摇曳在

生活中间，它们就有了

被众目注视的不安

和难以辩驳的对与错

我们需要树高大、挺拔，而旁逸斜枝

显然是错的

站在对的一面，我们反复砍

树被塑造出理想的样子

巨大树冠遮掩了我们许多丑

但树疤也在长

有的长成嘴，像要跟谁吵架

有的长成眼睛，动不动就哭泣流泪

有的像魔鬼狰狞的脸

树又一次错了

我们须涂之以水泥、油漆

遮掩它的错，就像它遮掩我们的丑

画坏了的画作

画面冷峻、灰暗

草木们的样子，像集体赴死

留白处散乱的黑点，既非鸟

亦非飞上天的叶片，而像

天空生出的疮斑

这是十一月的一个早晨，时光大师

画出的一幅作品

显然，大师感觉自己画坏了，无颜示众

不好意思地赶忙

将其藏在一场大雾里

推窗而见

日日推窗而见，一座山

便成了一个人

一个与我不曾说一句话

又无话不说的人

它一高兴，就花开满面

我的心境也被浸染得春色一片

它一怒，就砸来几声响雷，吓我一跳

却不知道它向谁发这么大火

它也有过和我一样黑灰着脸的

沮丧与沉默，甚至被一场沙尘暴

吞没时的神情，与我某个时候

对人生的绝望，竟如此相像

但它终又蓄满了一座山蓬勃的力

我虽渐渐老矣，却相信

身上也能抽出如它那般鲜嫩的枝叶

是的，我因此相信物与人之间

存在某种神秘感应，就像

人与人的灵犀相通

日日相见，我的目光、身影

可能只给了它些许欣慰

而它给我的却很多

比如，那些教科书般的训育

比如，那些我常常心头一颤的东西

在月光下散步的不只是月光

在月光下散步的不只是月光

还有沉醉的春风

它有一年中最好的性情

频频向事物们招手、示爱

似乎天底下尽是亲人和朋友

还有遍地的油菜花香

它恣意、铺张的美人气息

令四月有了流连忘返，不愿

迈入五月的想法

还有稚嫩的虫鸣，像一位

新来的指挥家，显然还缺乏

对夜色的步态和节奏娴熟的

统领，但也因此少了

谙于世故的低吟和哀鸣

哦，在月光下散步的

不只是月光，人们已甜甜地

睡去，梦却脱身游走

轻舒欢快的，迅速融为夜的一部分

沉重悲伤的，也有着

甩掉疼痛、化险为夷的轻功

还有那些逝去的先人

他们的走动窸窣有声，他们的魂灵

正依附着草木的摇曳，悄悄重生

因为灯

因为灯，星星们有点激动，天上与人间的秘密

不必道破，心，早有灵犀

因为灯，微风张开了乳黄的翅膀

飞蛾有了确切的理想，尚未落定的尘埃

看到了家可能的方向

因为灯，夜晚像是一枚熟透的果子，皮很薄

一伸手就能触摸到它软软的果肉

因为灯，梦像一条涓涓的河流

得多拐几个弯，多泛一些涟漪，才能

潜入一个人的辗转反侧里

呵，在这城市的夜晚，因为灯

钢筋水泥的物体们不再冷面，每一页窗户

都像脉脉的眼睛。因为灯

行道树的摇曳不再寂寞，始终有

不离不弃的影子陪同。因为灯

那么多奔波、沉重被轻轻放下，被宁静与爱抚慰

此刻，我在城墙上，因为灯

城墙像一列火车缓慢走动，我任由它载着

且把这繁密的灯火，当作了一曲曲妙曼的音乐

天　象

北斗星并不满意自己
是天神的一把勺子
星宿以形体和轨迹之变
在给天文学出难题

你知道的，天上
也有人间，七颗星
位置固定，角色分明，相当于
一个七人集团
你知道的，满天都是
一闪一闪的鱼虾

所谓最高艺术
就是去做自己的一把勺子

也会失手，舀不到什么时
它们要么眨着眼，彼此抱怨
要么歪起头，像一个问号
站在银河边发问

沮 丧

一阵大风过后，村子安静下来

落了一地的杏子，因没有一群孩子

兴奋的争抢，很是沮丧

这处与那处，摔碎的屋瓦，因无人痛惜

也很沮丧。还有风

刮得那么卖力，却没有鸡飞狗叫回应

一场自鸣得意的恶作剧，并未赢来

令它得意的骂声

不知从哪儿冒出两个老人

在颤巍巍地巡查着——

"这么大的风总能吹回来几个人影"

结果等来另一阵风，但它

分明失去了戏谑于人的兴趣

急匆匆前去安慰刚才那风

狐仙传

一只狐仙游走于神秘的传说里

也会跨越虚幻与现实的

边界，来到我们村子

那些年，日子的艰难约等于

升不起炊烟的艰难

山坡上就有了一束白光般

倏然而过的身影

那一年，大水冲了田亩、房舍

大水冲了龙王庙

日子如泥，却并不需要

太过悲伤的叹息

有人抬头，又看到了那只狐仙

许多事就起死回生地

长出另一副面孔

此精灵，堪比春风，却比

春风更神通广大

这些年，每到年关，沉寂的村子

就乞求那飘忽的白影再次出现

就像乞求风雪里有归人

佯　装

一条河也有表达情感的极端方式

也会佯装去死

她不再流淌，相当于停止了呼吸

腾空的河床，相当于备好的棺木

为了佯装死的逼真、凄惨

她还给自己覆上一层薄雪的白布单，让

呜呜的风野狗一样跑来啃食尸骨

为了显示生前不孤寂、有人缘，她还特意

请一些树身着黑漆漆的丧服，列队吊唁

但当水鸟、蝴蝶、虫鸣们

闻讯纷纷赶回，她又立刻活了过来

就像我隔壁家的老太太，每装死一次

儿女们就回来一次

门前的山

与一个村子长久厮守
门前的山，也放下了如神的高傲
学着人们的某些行为

它偶尔躲进云雾里
像酝酿什么大事
其实也没多大事，只不过
几声响雷，一阵雨
就像惯于沉默的人们
偶尔搭起戏台，吼一场秦腔

云消雾散，它的满足感
是满面桃红，或遍野葱茏
亦如卸了戏妆的人们
一边余音未尽地哼唱着
一边荷锄上了山梁

多出来的村庄

大年三十傍晚，去山上坟地

放鞭炮，送烛灯，烧纸钱

也许先人们早盼望着

临了，却把说不出的兴奋

交由草木全权表达，祭品

也由草木悉数接收

我们坟前而跪，就有枝条如手

抚摸一个个头颅

此刻，一盏盏烛灯在山腰间

亮起来，汇成万家灯火

呼应着山下一河两岸的万家灯火

这多出来的一处村庄

使家乡的模样得以完整

烛灯记

上元节之夜，给祖先们

坟头送上一盏盏烛灯

那里黑暗，灯当是最好的礼物

人们期望祖先借助灯

看见一个个叩拜的身影

也祈求他们赐予祝福和庇佑

仿佛灯，可以连通

彼此阻隔的魂灵

人们的虔诚，一轮圆月可鉴

没有月亮的时候

风雪便来作证，但烛灯

似乎很难理解这份虔诚

就像即使祖先有灵

也无力祛除世间的苦痛

往往是人们礼毕而去

野风即刻终结了烛灯的使命

而它却让我们一群少年

暗暗窃喜。第二天上学

我们沿途捡拾残烛，仿佛

领取祖先回赠的礼物

那时学校还不通电

我们坐在没有电灯的教室

同样拥有一片光明

积　攒

货郎来到门口
我就闹着要母亲买冰糖葫芦
我已知道哭是一种武器
能换来想得到的东西
但那次，任我怎样号啕
母亲只是紧抱住我
货郎再来时，我还没哭
母亲就进屋取出一把剪刀
咔嚓剪了她的长辫子
我手持一串冰糖葫芦直蹦跳
母亲却转过身，在抹泪
自那时起，母亲每天梳头
面前都要铺上一片油布
总有发丝懂事地落在上面
被她揉成小团藏入墙缝
就像从鸡窝掏出的蛋
被她藏入一只瓦罐
母亲这样一点点积攒着
给我和弟弟妹妹换取
冰糖葫芦的本钱，一点点
积攒着我们欢快的童年

菜园记

母亲的菜园节节败退

从大田退到后院

从半亩退到一席之地

母亲的菜园犹如她的江山

现在，她能守住的

唯这一席江山

每次回来，我在堂屋跟人说话

母亲就悄悄去后院

准备着要我带走的蔬菜

每次我都劝她别再种了

进入耄耋之年，她几乎什么

都听我的，唯此事

从不松口，从不妥协

中秋节，母亲又去菜园

像跟她的萝卜去拔河

哦，一个完美的失败者

在我的搀扶里并不悲叹

我亦没有责怨，我们说说笑笑

制造并享受着母子乐

只有那个土堆是我母亲

1. 母亲与雪花

母亲说：雪落在枝头上，才叫作花
她走在雪中，像棵大树
总开满了花

当母亲需要一根枯枝扶持时
雪地里的她，像被雪花
压弯的另一根枯枝

无数个夜晚，她守着一台
老式黑白电视机，像在等待
节目播完后的满屏雪花

那些雪花，像代替我们
与她相伴的亲人

直到那天她耗尽最后一丝气力
也没能把手臂伸成

一个像样的枝头

那些雪花，依然蜂拥着，向她奔来

2. 问母亲

活到八十岁，还与岁月掰着手腕

用大包小包的药片

与找上门的疾病，在周旋

一个菩萨般的人，却突然狠下心

不再看护我们多年前

鸟儿出窝一样留下的空巢

妈妈，你跟一片土地积了那么多

难以释怀的恩怨

到头来，怎么宁肯收回

赐予我们的这个世间最温暖的称谓

也要去做它的女儿

3. 母亲的脾气

二十多年里，慈眉善眼已成

母亲的一张标签

后来又多出一份近乎讨好的神态

比如，她种了菜，希望我回去拿

否则会换乘几趟车送来

不像她年轻时，我一犯错，就不理我

前不久，我还用故意惹她生气

做测试，结果她非但不恼

反而始终报以微笑

我以为她的脾气彻底改了

可这次，任我怎样哀求，怎样哭

她都不为所动，躺在冰棺里

像发着一生最大的脾气

4. 背母亲

起柩时，按习俗

作为儿子，我得从棺材下爬过去

以示母亲到了天国

有牛马可使，有福可享

母亲一生背过我多少回

而我还没背过她一回

我央求人们停一停，让我背背

睡在棺木里的母亲，就像她

背着背篓里的我那样

但被阻止。这阻止像是依了

母亲的意思——她怎舍得

儿子承受如此重荷

我扑通跪地，只能用嚎啕声

送母亲去了山坡

5. 喊母亲

母亲爱串门

我回去，就有邻居说

你妈在谁谁家，我给喊

而今，已不必麻烦邻居了

我再怎么喊，都像寄不出去的邮件

被空气退了回来

6. 怎能怨怪你

以前该笑才笑

现在啥时都笑

以前我们有说不完的话

现在一句也没了

以前，老屋被你打扫得一尘不染

现在，你连自己面庞的蒙尘也懒得去擦

母亲，我怎能怨怪你

以前，你是我的妈

现在，只是镶在镜框里的一纸遗照呀

7. 在母亲坟前

恍惚间，这么多母亲出现在眼前——

两根好看的长辫牵着我童年的母亲

油灯下哼着歌谣缝衣服的母亲

摘一篮子槐花令我有资本

与一个年代的饥饿抗衡的母亲

三十里路上背一座山一样的药材

去为我换学费的母亲

不识字却把我的大学录取通知书

像模像样念给邻里的母亲

站在村口眺望我从城里回来的母亲

我伏案写作时悄悄递来一只苹果的母亲

住不惯高楼闹着回乡下的母亲

把一席菜园当作风烛残年

仅能掌控的江山的母亲……

这么多母亲出现在眼前，我想做一个幸福的人

想一声声地叫妈

却被告知，只有这个土堆

是我母亲

清明诗

那年，在一片荒坡上埋了父亲

也随手栽下一些樱桃树

之后坟墓和树木越来越多

荒坡蓬勃犹如一处村庄，樱花开得

比鸟鸣还喜庆

我知道，不久，父亲的墓碑上

就会骑着某个摘樱桃的顽童，仿佛

谁家小孩被他举过头顶的戏耍

还在时光里继续

此景早已抹去父亲的死之于我的悲戚

此景令我们年复一年的祭祀

犹如前来领取天地间广大的欢愉

我想见的人

现实中想见而见不了的人

只有在回忆或梦里去见

我不愿动用回忆，虚无的影像

总是逼我交出真实的伤感

但我管不住梦，在梦里

我幸运而幸福，无论多远，我都能

一步跨过去，且轻而易举到达

他的盛年和我的童年

这其中涉及的距离问题

困惑我如同天地间又多出一个

难以破解的奥秘

我想见的人，是我父亲

多少回，我已走到他面前

我们只隔着一层薄薄的黄土

我似乎感到父亲在拼命刨动土层

但生与死，还是

那么无法逾越，那么远

令一个儿子孤零零跪在那儿，泪流满面

月光很白

月光很白，一地庄稼很美

稻草人站在明处

凭风摇响手臂上的铃铛

伏在暗处的铁夹，不擒月光，擒猪獾

总有欢呼起自别人地里

总有肉香出自邻家灶房

父亲没让我吃到那肉，却要我

尝到了饥饿年代的残忍

像训诫我一样，父亲也训诫猪獾

但他对它们从不用铁夹

只用稻草人，仿佛他也是

它们的父亲

乡村歌手

那歌声在记忆中回荡

那歌声出自我家乡的女人

村庄太过沉闷，需要她们

偶尔用嗓音划出一道裂隙

舞台须选在自家田里

须有一个拿得出手的理由——

谁摘了一架豇豆，掰了两穗苞谷

甚至风吹落了三五朵南瓜花……

歌声响起，鸟雀们凝神静气

像小学生一次次接受声乐教育

蝉的长尾音，像学李婶的

喜鹊的一串快板，深得刚娃妈真传

而一窝雏燕的呢喃，显然在模仿

三喜媳妇的柔腔细语

表演从对小偷的数落、气愤

到原谅、相劝，几经拐弯

终于一个女人被注目

被欣赏的自足与欢喜

也有不悦者，情急之下

踢飞自家菜园几个大茄子

却谎称小偷所为

等他的女人也开了唱，他便躲于一旁

打起节拍，充当了指挥

炊 烟

炊烟之用，难道只为
笼罩村庄，压低瓦屋？只为
孵化我的幽怨？

你是知道的，幽怨之力
堪比翅翼，而我如鸟
却比一只鸟更决绝地
离开了鸟巢

身在异乡，那熟悉的姿影
似乎有了另外的模样
慢慢地，它之于我的用途
也在变，成了我
极尽赞美之物
无论天空怎么拥挤、昂贵
我也会像在人间给自己
租间房子一样，向天神
为它租下一席之地
这么多年，越来越喜欢云
连乌云也喜欢，是因为

我把它们全当作了
炊烟的替身

以为这是我一个人的偏执症
其实许多人都病得不轻
小村庄早不属于我了
唯那袅袅姿影，还愿手臂般伸来
牵系我，抚摸我，让我觉得
自己还是一个有根的人

快乐的形体

纵身跳向深潭，快乐
也有定制的形体——
我们划出的尖叫的弧线
溪流垂挂的瀑帘

曾经的戏耍，溪流还玩着
它们的快乐，还那么单纯那么多
而我们只能在比深潭更深的记忆里
找到少许形体模糊的东西

同为一条沟的孩子
它们还被宠着
我们却在一声声呵斥中
一路逃窜，丢失童年少年壮年

一把镰刀

为了颗粒归仓

父亲常夜里抢收庄稼

这时候，月亮总会弯成一把

明晃晃的镰刀，来帮忙

月亮要收割的庄稼

比父亲多得多

比如黑暗，黑暗中的恶与善

父亲后来改用了效率更高的机器

而月亮，还是那把

老镰刀

父亲也是一株庄稼

那年夜里，收走他的

正是从窗户伸进来，帮过他无数忙的

那把镰刀

蝉 鸣

蝉鸣四起，我心中的悬疑
终于石头般落了地
前几天还诧异，今年夏天
怎么只听到稀稀拉拉几声蝉鸣
树枝上草丛里的蝉壳
亦如稀世之物

我知道蝉注定为夏而生
为爱而鸣
是不是它们已不需要以歌示爱
或者丧失了歌唱的力量
或者，这个物种
遭遇了什么生存问题……

但歌声又突然四起
汹涌的歌声
像是对迟到酷暑的热烈欢呼
汹涌的歌声似在证明
没有它们，这个世界多么乏味

小柿树

我每天经过的路上
一棵小柿树，刚被砍过头
受过嫁接之刑
它无意向我倾吐疼痛
活的欲望却通体透亮

新枝迎风见长，新枝不知
世界的残酷
当一场大风将其刮断
一棵树该用怎样的语言
刻写一圈年轮

但活着仍是最重要的事情
来年，小树又被砍去一截
被嫁接一次，即使
接踵的伤害已让它无力
再为置入的头颅提供养分
仍有苞芽于树干萌发

然而，给小树致命一击的

正是这些旁逸的苞芽

当它们被荒草般一遍遍铲去

树能生长的，唯有绝望

而我路过时，一棵树的问候

已悄然变成了一截枯木的问候

委 屈

带着我们的心气，想与云朵

平起平坐，而不是被云影

踩在脚下羞辱，高楼

高过了比邻山头

但云朵依然避开它们，群鸟般

落到山上，在那儿缭绕、嬉戏

给山戴上一顶王冠

如此的委屈，只能去向友善的星星倾诉

可高楼走近一步，星星就

眨一眨眼，后退一步，如临天敌

喜　悦

盘踞在节令里的秋老虎

夹着尾巴逃走

盘踞在空气里的病毒悄然消失

小城的喜悦，是双重的

像神的双重补偿

雨淅淅沥沥，像序曲

梧桐树的架子被敲击得

像替空寂已久的街巷解着闷气

灿然而开的桂花，则像

着意布置的喜庆场景

经历过难耐的酷热与静默

小城的喜悦，无非惯常的

熙攘、舒缓，我亦无非满足于

和朋友一起散步、聊天

如果有变，也只是你我内心

又多了些柔软的东西

比如，你久久手捧一滴雨

我对微风送来的桂花香深怀感激

癸卯年中秋夜，无月

约好的，你会准时而来

带一颗圆润的心

约好的，你我要举杯对饮

让我做一回李白

约好的，你和那么多异乡客

将共叙一个美好而忧伤的话题

这约定如同两个星球的伟大友谊

被写进历法，被我们当作

相庆的节日

但你还是爽约了

就像我们中那些把约定

从不当回事的人

我知道你是神，对人间事

始终保持着沉默

只有实在看不惯了，才会

借用一下人间的手法

今夜，你是不是想让我们

也尝尝失信的滋味，才不惜

自毁声誉，悄悄躲了起来

荷　塘

怎样的爱，才能搭建成这水上舞台
墨绿色的音乐，自水底浮起
我坐在被蛙鸣溅湿的石头上
仿佛谁丢弃的一堆孤独

荷花们盛大的爱，向我袭来，并经由风
传送到天地的共鸣中
领舞的那枝，多像一位采莲姑娘
如今，她可安好？
荷花越妩媚，我心越悲凉

水鸟们似乎更愿意成为荷之寓意里
最灵动的部分，它们
时而戏水，时而飞往苍茫的远方
又在夕阳里双双回到荷塘
是谁，把那么多幸福馈赠给它们
而把无人认领的苦涩给了我

墨绿色的音乐因暮色的介入
而越来越低沉，我更紧地抱住自己
像孤独紧抱着孤独

除夕夜

任何事物都可能成为世界的中心

今夜是：灯

所有灯都亮了

所有灯都喜气洋洋

灯影里，风披着新的披风

烟花在演练桃李的新阵容

门前积雪也开始谈论新的话题

而钟声远扬，仿佛天空

长出了新的翅膀

今夜，月亮识趣，人间辉煌一片

它悄悄隐匿了自己

秋　分

秋色被天地平分

我的欢愉，也被国家农民丰收节

和小外孙三岁生日平分

傍晚，坐于小院

我恢复了自己的平静和完整，而昼与夜

正精妙地分配着这一天

这伟大的艺术，令我心中又起波澜

缝补丁

秋雨是一门手艺,这个认知
源于我顽固的记忆——
秋雨一针一线缝着大地的补丁
母亲一针一线缝着我们的补丁
似乎秋雨有多少
母亲的针线活就有多少

我们替母亲绕线团,也猜测
替秋雨干这活儿的
是云,还是闪电?
猜不准时,我们就把线团
皮球一样抛来抛去,做起了
贫穷里的奢侈游戏

母亲像跟秋雨在比赛
但以我们的偏见,母亲的手艺
才是最好的——令我们难堪的补丁
总会被她拼成漂亮的图案
且越穿越暖
而秋雨缝补的衣裳,越穿越冷

母亲后来再无补丁可缝了——
我们赶上了好时代
母亲荒废了好手艺
但秋雨还在年复一年缝补着
因为，大地上要缝的补丁
还是那么多啊，那么多

吊　桥

已废弃多年，像往事里的一个悬念
曾经的脚步声，浪涛一样远去
偶有飞鸟停落，但它们感兴趣的
是水中的小鱼。没有什么可运送了
桥就来回运送着自己的寂寞

"废弃之物，唯一的用途
是供唏嘘、慨叹" ——
现在，它能像接受赞美一样
接受这一观点，但还是禁不住
直了直松垮的弧线，以维持
始终高于流水的尊严

从上下游几座高架桥的车水马龙里
它揣摩着世间的况味，并像
找到真理一样，找到了投河者
不愿选择它的原因
也有安慰的目光投来，那是
浮在水中的自己的影子
但它仍颤巍巍从木质的身体里
挤出一些败絮状的感动
有时，它会借助风，发泄心中的

哀怨，以为未能与曾经的繁华

一同垮塌，是时间施予它的羞辱

更多时候，它会非常安静

静如流水，如某个往事的身影

命　运

城市不喜欢小树
只喜欢能携带荫佑和风景的
大树，就有盛年之木
纷纷移植而来

缘于生存本能，它们
又有了蓬勃之姿
并像来自同一故土的一群人
领受到不同的新角色
遮日、悦人、抗御风沙……它们
无不胜任

而城市不需要老树
于此经年，它们中那些
枝枯叶疏者、身心被掏空者
垂而未死者……就会被
连根刨起，仿佛它们本不该
在这里扎根；就会有
一辆辆车将它们拖出去
仿佛一群人的告老还乡

劳务市场

他们也许真的睡着了，甚至
还做着一个好梦
从这儿经过时，我的脚步
下意识变得很轻

但他们对脚步声有职业性的敏感
宁肯让梦中断、破碎
也会一骨碌从石条椅上跃起
仿佛我就是那个
选中他们的人

兴奋与失望，如同他们常玩的纸牌
摔得仅剩的两张
而运气是好是坏，只能由
落山前的太阳给出定论

在家门口看沙排世锦赛

谁说沙滩只有荒凉
它同样是土地，同样生长
激情，优雅，鲜花
当一只皮球来到这里
就会成为一个星球，飞旋在
我们的欢呼雀跃里

谁说这只是海边的风景
美与爱从来没有疆界
我的家在秦岭深处，远离大海
当不同肤色、不同国度的人们
云集而来，一片沙滩
也有大海无法比拟的波澜
一只小小的皮球，便是
无须翻译谁也能懂的语言

题商鞅广场

广场以他名字为名
不曾停歇的吵闹，并不以
他在史书里制造的吵闹为脚本
但想必他也乐于听闻
作为雕像的他，镇定、坚毅
似乎比故事里的他平和得多
无疑，他是高大的
放眼就能望见奔腾于
他受封之邑的丹江
他熟稔的苍茫秦岭，和
古老河山脱胎而出的新气象
望着这一切时，他也在
人们的仰望中
他又是孤独的，因为
人们纪念他，却谈不上热爱
甚至有人因他肉身被车裂
而忌讳靠近这一石身
广场上，人们忙着
跳舞、歌唱、打牌、恋爱……
唯他手持竹简，像个闲人

他身后，是一座博物馆

也许他想过取走自己的刀剑

重回属于他的年代

但怎么可能呢

他只能借此石身，做一个

不想成为看客的看客

回乡记

"这是我的村子吗？"
他说，当然是
对面的山，门前的河
身后的土塬
形貌未变，还如此亲切

玉米、红薯仍是塬上的孩子
柿子树仍有说不完的心事
只是，玩伴们和他一样老迈了

"这是我的村子吗？"
他说，不像是
温室大棚里的忙碌盖过了田间
采摘，装货，扫码，快递
唯流淌的汗，一样咸

摆席设宴曾难得一见
而今，一排排农家乐
日日喜气洋洋，游客满座

"这是我的村子吗？"

他说，当然是

你看，事物们仍各司其职

风在吹，草木在结果

太阳在赶来做一枚枝头的柿子

回 首

1

像一条望不见首尾的巨龙
像一条奔腾不息的大河
一支队伍，风姿依旧
正健步走在新的征途上

站在队伍里，每一次回首
我都激动如一朵浪花
每次展望，我都豪迈得脚下生风

2

回首间，我看见一艘小船
悄然出现在那个湖面上
它不为捕捞，不为游赏，只为
一次伟大的接生

小船上诞生的队伍是红色的

这红，犹如黑暗的东方

亮起的一道霞光

犹如一个灾难深重的国度

能看到的希望

红色旗帜下，汇聚农工千千万

这红，犹如星星之火，迅速燎原

这红，成了中国红

我是后来者

从这红的本色中，我感到

一种基因穿越时空的传承性

3

回首间，我看见这支队伍

走过的地方，山连着山

水接着水，险象环生

走过的林是枪林，经历的雨是弹雨

先辈们在那里出生入死

却把恶水险山只当细浪泥丸

那里是战场，但那里

也有歌声，也有爱

我发现，山水是有记忆的
山水的记忆比历史记忆
更刻骨铭心，更久远
山水多么乐意把这支队伍的故事
当成自己的故事啊

你看，那么多原本无名之山
而今声盖五岳
那么多默默无闻之地
而今已成网红

在那些地方，叩访者接踵而至
谁都愿意是导游
谁都愿意一遍遍讲述那些故事
包括风和鸟鸣

4

回首间，我看见这支队伍
放下刀枪，换上锄头、铁锤
像一次华丽转身，点燃
一个时代的激情

这是被压抑已久的心
才能喷发的火焰
这是一个新生的国家
才会具有的壮美

激情在田野摇曳，在工厂回荡
激情随轰隆隆的火车
去了远方，也被人造卫星
带到了茫茫太空

我也找到了自己的身影
我那么小，像只小鸟
我的小翅膀，仿佛
那个年代的激情编制而成

5

回首间，我看见祖国
沐浴在一派春光里

每一阵风都迈着欢快的步子
每一朵花都绽开幸福的笑容

每一个日子

都有雄鸡引吭牵出的太阳

每一片土地
都在生长奇迹

每一道彩虹
都是七色的梦

坐上高铁，穿梭于辽阔的版图上
一幅幅画面，一个个场景
我动情的，肯定
你也会动情

而这些，都与这支队伍有关
我自豪地走在队列里
也常怀愧疚，深感自己
做得还很不够

6

再出发，我们的队伍
浩荡而齐整
前行的路，依然荆棘丛生

再回首，再眺望那艘

远处的红船，我像给自己体检

又像行军前的对表

我把最初的誓言重温了一遍

把拳头举过了肩

第三辑

采芝歌

秦岭之邀

秦岭的待客之道是

把流水宴摆得比流水还长

谁来都有席位

谁来都是贵宾

风吹送的、水携带的、鸟传递的

都是它发出的请柬

即使古人骑着毛驴

路途再颠簸，也不好意思拒绝

你怎能缺席

太阳刚走，月亮又来

爱捉迷藏的雾和爱吼叫的火车

都是常客

你若来，它更喜欢

它早已备好礼物

你若来，绝不会空手而归

秦岭秘语

秦岭在说话。那些树木，溪流
那些含烟带雨的雾岚，露着白牙的石头
都有它张开的嘴
那些巨大的骚动和细小的声响
都是它说的话

我试图听懂这些话语——
我曾看到它和黑压压的云团对话的情形
像争吵，像战争，它锋利的言辞里不时有刀剑出鞘
我曾看到它跟星星们温馨交谈
星星们一跳一蹦就落满了它的肩
我更多地看到，一脉一脉山峦席地而坐
像乡亲们在自家的场院上，没完没了拉着家常
而它们到底说些什么呢？

在我之前，就有很多人来到秦岭
他们绞尽脑汁试图破解它的秘语
有人从中读到了隽永，有人从中读到了苍茫
有人与竹子互为知己成了高洁的隐士
有人经桃花撺掇娶回了娇美的媳妇

有人从秦岭隐秘的气象里接过神谕

在脚下的长安做了皇帝

他们各有所得，各有所悟

从此无比敬仰或者无比抱怨着秦岭

一次我问一个寺院的住持

"师父可知山说的话？"

"阿弥陀佛——" 他的回答令我至今一头雾水

但从秦岭变幻的眼神里，我知道

它说着陕西的话，中国的话

把南方与北方分开又使其紧紧相连的话

它说着坚如磐石的话，风声鹤唳的话

也说着柔情似水的话。它说着

天上的话，地上的话，动物和植物的话

也说着人和神的话。它还一直说着

过去的话，现在的话和属于将来的话

却都是我们半懂不懂或全然如梦的话

至于用什么方式，能解开秦岭语言系统的密码

谁也说不清

爱恨秦岭

恨它的理由，是它一直

阻挡我的视野，充当着

世界的尽头。可它又为我的恨

专设了一个衙门，让我把

想恨不敢恨的人和事

冲着它，恨上一回，再恨上一回

这样一推算，它的某个山峰

肯定由我的恨堆积而成

从山顶偶尔传来的闷雷

仿佛这些恨的回声

爱它，却无言表达

因而鸟鸣和桃花

抢先说出了鲜丽的部分

长着白牙的巨石和父亲坟头的小草

代言了执着的部分

我只需药师一样，把一些词语

按秘密的剂量，写在

春风或者秋风的处方笺上

据说，它的主峰，还在以每年

两厘米的速度往高里长

是不是其中也包含了我爱的力量

现在，我对它更多的是

不爱不恨，就像它

始终都在平静地倾听

而不轻易显露情感

现在，我已是可以与它坐下来

促膝相谈的人，如果它能

把我曾经的爱恨还给我

我就会用那些爱去填补恨

砸出的深谷，使人生看起来

像这崇山峻岭间，确有

一个个值得信任的平缓地带

秦岭里的事

秦岭里的事，太阳知道，月亮知道
星星、云朵、神，也知道
但它们都不说
雷知道得少，却喜欢大嗓门地
发出一二声惊叹

秦岭里的事，乃秦岭万物的事
那些山峦、河流、动物、植物
都有平凡或不凡之举
都有需要倾吐的情感
它们中也许存在
类似我们的史诗和《圣经》
却因语言系统无法兼容，而与我们
错失了许多共情和共鸣

然而谁都知道，这便是
秦岭的魅力
它使世间的共生和共死
有了经典的范式

秦岭里的事，当然是我们的事
我们在它的怀抱建造家园
用桥梁、隧道连通彼此的血脉
又不断往它的心境里注入
我们的爱恨、喜悲、荣辱、兴衰
以至于我有时把它当作了神
更多的时候，当作了一个
可以信赖的亲人

秦岭里的事，那么多
一些被石头秘密一样保守着
一些被说着方言的鸟雀和风
传扬得辽远而生动

表　白

压在心底的爱，需要表白
心是红的，由心而生的
表白之相，也是红的
似乎唯有红，方显至诚
这是我们的经验。以此类推——即使
这样的类推不被事物们首肯
我也会固执地认为：
秦岭的红叶，即秦岭的爱情
你看，一棵树与另一棵树，一片林
与另一片林，一座山与另一座山
它们相处那么久，到了深秋
终于要急切而羞涩地互吐情愫了
而逶逶迤迤的秦岭，承载着
那么多事物爱的心声，爱的色彩
岂能不成为红秦岭

石头的理想

秦岭众多峡谷的悬崖上

裂隙如怀抱，抱着一个个巨石

仿佛造山运动尚未完成

欲坠未坠的石头，光洁、浑圆

仿佛山生出的蛋

而那些跃入深谷的

经溪流一再呼唤、抚慰

从梦中醒来，它们与

山风、浪花、鸟兽组成乐团

在死寂之地奏起天籁

亿万年了，这些乐曲至今仍给

人间乐章提供着养分

但石头们没有止步，像勇敢的

探险家，一直向远处挪移

那层层剥落的骨肉

化作铺满河床的泥沙

像是为理想付出的代价

直到阔大的视野出现，视野里

飘忽不定的人影出现

它们的理想，便有了清晰的模样

当一个个坚硬的身躯垒砌成

一座座房舍、庙宇

世间的温暖，似乎已不再是

稀缺资源，人和神

也因家园的加持而拥有了

从未有过的体面和尊严

树林之爱

愈来愈深地嵌入白杨树的肌肤

像一颗颗找寻怀抱的心

木秀于林，秀于夕阳下银灰色的

寂然和惆怅。"我爱你" ——他们携走了

其中的甜蜜，而树因为当初的疼

还一直背负着汉语的神圣

凭借树的生长，无数的"爱"

渐渐丰满起来，并伸出手臂，试图去抚摸

与之相邻的"我" 和"你"

有时候，树像受谁之托，差使啄木鸟

来清理一些名字上的斑驳和败絮

很少有热恋过的人再来此，重温他们

曾经的浪漫，而年轻一代已不屑于

为爱立传。但这片白杨林

因有爱附体，始终不敢老去，依然在枝头

年复一年地变幻新绿

偶尔，林子会响起一阵骚动，那是风

正欢聚在它们的爱情中

山峦之爱

用心去看，你会发现
两座山峦相互倾慕的眼神
你会听懂，他们被鸟雀
翻译得不够完整的情话
你还会感觉到，他们庞大的肢体
因充盈着爱而发生的微妙变化

一对老情人了，仍有说不完的话
说得草木萌发，说得花朵绽放
说得用烟雨捂住了脸
说得以霜雪染白了头，说得
旭日和夕阳总是站不稳立场啊
爱是不会老的，情话
依然甜美，适合入乐，适合
风、松涛，以及河流的波浪，反复传唱

两座山峦，亿万斯年地
倾慕着，相爱着
我们却纠结于自己的爱恨，而漠视了
这份神圣。偶尔一次静心聆听

你才惊讶于你伟大的发现

你邀一个叫欣喜的词来庆贺，但它那个

名叫愧疚的小情人，也紧随而来

双双爬上你的心头，像是

应和着那两座山峦

茶山记

万物之形，皆有使命。在秦岭南麓

一处环形山上，我像拥有了一把

天下最大的茶壶

壶盖也很特殊，它是一团

恰如其分的云雾。天地在此

珠联璧合地创造了一个伟大的比喻

而氤氲其中的茶事，不可见

却听得到鸟鸣、人的说笑声

和机器的轰响，仿佛

扑面而来的春天，正在由

这些声音向外派送

我已陶醉得飘然了，秦岭诸峰

也因用过它送去的早茶，显得格外生动

野草记

野草散乱、蓬勃，似乎并不在意

我的闯入，也不在意示给谷地

怎样的美学。废墟上

横陈着石头的尸骨，食者

和被食者的尸骨，男人的酒瓶

和女人的镜子纠缠一起的

光的尸骨。黄金掘尽后，这些尸骨

像弃用的文字，有了死的安详

野草正将它们一一掩埋，墓堆上

开着挽联一样的花

这是多年前我在灵宝矿区的所见

我本只作为徒步者从此经过

却被谁强塞给了屠夫、盗贼

贪婪者、忏悔者等诸多身份

如果被质问，我不知该掏出哪张名片

但这些曾遭践踏的野草

只顾生长，开出的红白黄蓝之花

没有一朵像怒放的仇恨；柔软的叶片

没有一枚变成刺向我的利刃

我太多疑了。可我的多疑

在它们的散乱和蓬勃面前

迅速失效，就像我一再哀叹的亡灵

在它们眼里，都能扶起来重生

我的一阵自嘲，也只惊飞了

破庙里的几只鸟。鬼使神差似的

我突然决定改变行程

在这儿扎下来，拆掉那座

野草们无法拆掉的破庙，庙里

那尊百无一用的泥塑的神

河边散步

午后河边，天出奇地蓝
水也出奇地蓝，这蓝
像出自同一生产车间
我夹在它们中间
心，岂能不蓝

15℃的气温，像为
我的惬意专门酿制的
风好像喝了同样度数的酒
我感觉脸上尽是它微醺的唇痕
气候既不冬，也不春
像冬与春互相谦让产生的新节气
这谦让，像天下胸襟的榜样

我沿河岸不停游走
垂柳们原地不动，却在
集体表演甩发舞
鸟儿并不急于觅食，而是
在地上开心地兜圈，在空中
画着爱的弧线

我与它们对视的一瞬
世界的美好
像分子裂变，像心灵放电
又翻了几番

河水是个收藏家
一边剪辑我们的影像
一边低吟河水之歌
我想取走有关我的纪录片
却被它微笑着婉拒
这微笑，泛着好看的涟漪

去桃花墕

时令已是春天
冷空气却频频来袭
像是替黯然而去的冬天夺回
丢失的地盘

已是春天
我被羽绒服紧裹的心
比从巢孔不停探出头的蜜蜂还着急
我要去郊外，登临桃花墕

沿途有人在战栗中种下土豆
有鸭子在溪水里引吭温习苏轼那句诗
哦，春正以自己的节奏和方式
与寒冷对峙

我循去年花期而来
桃花墕似乎并不为取悦我这个游者
桃枝们一边按捺花蕾的冲动
一边向我表示歉意

我怎能不明事理呢

它们的全部心思

是要为一个来之不易的春天

披上世间最美的锦绣

古树忧伤

它像一片天空，横在头顶
却有着比天空更难推测的风云
在这幽僻之地，我听见过
它的自言自语，它与
云朵、风雨、鸟雀的亲密对话
我也想参与其中
而那高扬的头，那几百年时光
凝结的神圣，使我只能成为
一个低处的仰望者
我想，它也许是对的
否则，谁还会对天地心存敬畏

然而，无尽的欲望
令我更为信奉：天下之物
岂能不为我所用！现在
我新建的公园需要一株镇园之木
当我再来，古树的高古里
似乎被我幻化出另外的东西——
枝柯晃动，像战栗
疤痕处的汁液，像流泪

正在变黄的叶子，像弥漫的忧伤

我抬头目测它的身高和冠径

能带给公园怎样的气场

我目测一回，它就战栗一回

我的目光愈诡秘，它愈显忧伤

如同我自导自演的一出闹剧

不同的我反复博弈

结局还算合乎自然伦理

它做它安然的树神，我做我

偶尔的访客，这多好

我的灵魂不再被那亦真亦幻的忧伤

拷问和惩罚，这多好

而怎样才能得到它的信任

我的困惑，似乎也是树的困惑

朱鹮的问题

在朱鹮的飞里，很难看出

哪只翅膀上有厄运

哪只幸运

就像我走近时，它们也猜不出

我会施以友好，还是伤害

所以，我对朱鹮的处境总喜忧参半

而它们似乎只管放任自己的优雅

优雅地觅食，优雅地飞，优雅地

衔一根枝条当爱的信物

仿佛它们并非岌岌可危的鸟类

而像优雅本身

这倒更让人纠结起来——

把它们养在铁丝网环绕的保护区

与放归大秦岭，哪个好呢

河水的事业

开凿隧洞，让一条河改道
是人们的一项事业

把横在出水口
一丈高的悬崖绝壁凿去
是河水的事业

比人们还决绝，河水
不凭借任何工具，只用自己的身体
五十年里，已凿下去一米

照此计算，再有一百年
从这儿走出去的鱼
便可重回故里

鱼的魔法

没有谁能逃脱被裹挟而去的命运

在瀑布旁，我的断言

为一群小鱼带来了反证的乐趣

它们向我展示这样的绝技——

钉子一样钉在悬崖边的激流里

又反复拔出、洄游

像成功的冒险家总会得到

意外的回报，它们得到了更多

送上门的美餐

而在河流另一处，我投食引来大片鱼群

一些竟是从下水面翻飞而来

两个水面之间横着一米高的落差

不知它们使用了怎样的魔法

每条江河都愿有一个屈原

屈原投了汨罗江
汨罗江只一个
在楚国

但江河处处
哪里的江河都会泛起涟漪
就像人心

所以，每条江河都愿有一个屈原
就像每年都有一个端午
盛放思念

少陵原的诗神

每座山上都有一个神

每个神都有自己的喜好

因此，每座山的走向、高矮

挺拔还是浑圆，山上跑什么动物

长哪些草木，开怎样的花

都与神的喜好有关

长安城南的少陵原

形如绝句

一看便知，是这里神的手笔

而它请来的座上宾有

李白杜甫白居易杜牧……

时光潦漫呵，大唐气象不散

在另一个时代

我也应邀而来

在山下迎接我的是几只鸟

鸟的欢迎词，是首古诗

牛背梁

牛背梁是秦岭的脊梁

挺实、沉稳，自然成了天上之物

在人间的靠山

骑在背上的太阳，玩累了回家了

月亮又爬上去，接着玩

天下的南与北，一直在此争宠

难为情的风，吹得热也不是冷也不是

而秦岭始终像个好父亲

不偏不倚，让谁都会感到

自己是多么不可缺少

最任性的当属杜鹃花

村姑一样，嘻嘻哈哈闹翻了天

来到这里的人，心自悠然

近可做花王，远可望长安

白房子

走过几座山，又翻过几道梁
我心里已无法安顿更多的荒凉

以为人迹于此不复再现
却兀地见到一座房子

那白墙、红琉璃瓦顶的装扮，像一个
美人，在翘首呼唤

云朵远遁，空谷幽兰
唯几截墓碑挥手应答

一呼一应，寂然无声
却像竭力拯救某种往昔场景

本想进屋看看，一把铁锁和它的
斑斑锈迹，已说出所有秘密

但我仍不知道，建造房子的人
是为了慰藉自己，还是诸神

高原上的舞者

近处牛羊，远处苍茫
牛羊与苍茫之间，是风一吹再吹的空旷

——雕刻在我心中的影像
再来，却被谁悄然涂改，一同涂改的
还有一首古诗的句子

仅见面礼就让我措手不及
这么多舞者，这么盛大的场面
仿佛着意为我安排的

哎呀，我一个小人物，何以受得起
如此礼遇

风是老朋友了
它拍拍我肩膀说：想多了吧，人家在发电

丹　江

河床很大，能想象得到
一条江曾经浩荡的模样

水流很小，像城市和两岸村庄
丢弃的一根绳子

我有羞愧，它却比我还羞愧
为挽回一条江的自尊
它尽力献出身体里的泥沙

我祝它好运，不会断流
它便拐一个弯又一个弯
频频回头作别

它又成了宽阔的江河
在几百里之外，它像我遇到的一位
久久不敢上前相认的亲人

采芝歌

秦末汉初,唐秉、崔广、周术、吴实四人隐居秦岭南麓的商山,他们在汉高祖刘邦欲废太子刘盈之时受邀出山,平息废嗣风波,功盖朝野,却拒绝高官厚禄,复归于山,过着采食紫芝,栖身洞穴的生活,世称"四皓"。

——题记

青铜的杯盏里摇晃着一江清水

几缕皓发飘然若秦岭以南的白云

去吧,四驾威风凛凛的高车

去吧,不愿归牧南山的马

回到你们的长安去

回到你们的富贵荣华里去

"我们将随风的指引

隐居,赋诗,采芝去了"

状若某种图腾、清秀无比的芝

把一颗露珠、一声鸟鸣含化成翡翠的芝

立于万仞飘渺而孤寂的芝

你是仙,还是凡世的女子?

你是他们少时的爱恋,还是老来的倾慕?

"昊天嗟嗟，深谷逶迤

林木漠漠，高山巍巍"

他们动用了辅佐一个朝代的智慧

跋山涉水，找到你了

芝，他们被宫廷腐朽的胭脂味麻木的神经开始苏醒

他们因你而战栗

他们的白发、泪水，和附着于

一个纷乱年代的士大夫身份，都在战栗

他们岩居穴处，只为朝朝暮暮

能看见你，采撷你

"这几个风骚的游山玩水的家伙

怎么还赖在这里？"

芝，你一次次满怀疑虑地问，一次次

躲闪和蔑视着他们的追寻

是啊，秦岭官道上如云的身影在走动

水边垂钓者，借酒消愁者

佯装疯狂者，占山为王者……

心中皆捏一块功名的魔

一纸诏书飞来，便像受尽委屈的孩子

屁颠屁颠回去了

芝，请你相信，他们并非如此

他们是与山同在的大树，带来了

安顿爱和墓园的骨头

他们的满腹经纶，足以兑换成
权柄的熠熠生辉
但他们选择隐逸，作为最大的美德
他们知道自己拯救不了黎民
但愿意尝遍黎民的艰辛
芝，你就宽容他们，接收他们吧

你就张升率性的怀抱吧
他们一直在为你而战栗
已是人生的暮年，他们仍痴情未改
在用笨拙的姿态亲吻你
千百年之后，他们还将化作
一缕春风，几朵白云
吹拂你，萦绕你

乐楼记

丹江边许多事物，都满腹故事

它们也乐于向你讲述

就像船帮会馆的乐楼

故事讲了二百年，还意犹未尽

它讲水旱码头的兴与衰

纤夫的痛楚和爱，也讲砖刻的精美

镂空木雕的绝伦，讲到一副

匾额两侧的图画对联时

便眨起了星星一样神秘的眼

对联何意？当年工匠没来得及解释

就暴病而亡，留下的遗憾

却成了无数人试图一解的执念

据说当地设立的赏金还在涨

而乐楼，仍怀揣谜底，笑而不言

就像这世界，让我们因一次次

破译了秘密而欢呼、自得

又因一次次未果而沮丧、困惑

世界始终不露声色

卧虎岭记

以何种形象归列秦岭

山峦们似乎颇费了思量

就像人们总思量着

以何种姿态走在世间

一座山，当初选择做一只老虎

相当于给众山树立典范

赋形也犹如预言——后来真的

有了这样的百兽之王

为了传神，它请谁搬来无数巨石

绣出一身威风凛凛的花斑

为了天下祥泰，它一直卧在那儿

替我看守着家门

为了我能悠然放牧牛羊

它甚至拒绝虎们前来归宗认祖

只差人把它们安顿在

岭下的动物园

一个食量惊人之物，你却不必担心

它与我们争抢什么

反而是它在施舍我们

它食风雨云雾，食星宿雷电

却把吞下的一枚太阳

翌日又吐出来，还给了我们

年末记

没有什么比眼前的林子

更像穷人的家境了

枝头所剩无几的叶子

每掉落一枚，都让我心头一颤

风仍卖力吹着一地枯叶

仿佛只有如此拼命

才能从时间那儿领到一年的奖金

临近年末了，天气预报说

一场雪就要前来查封大地的账本

而一些物事，比如严寒

似乎更敏感于雪莱的预言

但它并不慌乱，因为

枝头如哨所，依然传来乌鸦

和麻雀的悠然之歌

我并非林子的什么鸟

也对丛林哲学知之甚少

但我还是听到了林子发出的

与我相似的慨叹

俯　瞰

坐在空中缆车俯瞰

恐怖的深渊，死亡的集散地

却有着谁也无法遏制的律动——

看不见的水流在怒吼，带动着

两边石壁的怒吼

冷兵器一样的草木的怒吼

盛开的花朵像吼破的嗓子，明灭的

光线像吼裂的血管。这怒吼

是它们飞天一冲的前奏？

有猿猴蹿上跳下，像勤勉的宣传员

用略显单调的歌声，在鼓动

似乎它们会随时发兵，从谷底

冲上来，声讨谁，攻克谁

而我就在它们声讨和攻克的对象中

此刻，如果我掉下去

可否算作它们一次兵不血刃的胜利

到了山顶，我仍心有余悸

寺院的高僧用不停转动念珠

消解着脚下隐隐传来的怒吼声

过古镇

在山谷穿行，过一古镇
见城墙崭新
垛口如眼，眼中茫然崭新
幽幽街巷，身姿崭新

时间深处的悠然、熙攘、声名
何以还原？
刚修葺过的事物们像患上了
焦虑的新症——

小溪急得站立成音乐喷泉
一朵云，是等来的知音？
店铺的旌旗们急得使劲摇动
一阵风，是迎来的顾客？

我的到来，令城墙外一个卖杏女人
和她的一筐杏激动不已
而我的匆匆离去，像是给古镇
又涂上了一层崭新的
叫作失落的油漆

在塔尔寺

塔尔寺依山而立，信仰

是有形的，恰似一座座恢宏殿宇

太阳的手低低斜过来

像天与地互换经文

红衣喇嘛湟水一样流淌的诵经声里

信徒们沿途长叩

牦牛们低头吃草

我携带一颗充斥俗念的心

能否通过肃然的安检门？

幸亏有鸽子附耳与佛通融，否则

我对世间会少一次感动

鸽子们已半鸟半神了

仍于雕梁画栋间，修正自己

我有点羞愧。站在一盏盏酥油灯前

当是遇见了最柔肠的判官

以转动经筒的方式速习经卷

我终是一知半解

在这遍布神迹之地

枝叶上的一滴露珠，仿佛也有

一片大海的襟怀

日月山的风

像整个青海一样

日月山的风，也有着高海拔的信仰

它已把山吹开了一个缺口

它坚信，一座山还会被它吹成一粒粒沙子

我在经幡和牦牛的引领下匍匐而来

它却不给我喘息和喟叹的机会

而是让我弯如一株小草

跟着草原上的事物们一起奔跑

我要表达对一位大唐远嫁公主的问候与敬意

它随手一指，说：

那遍地的格桑花

就是她

我是诗人，想穷尽高原的美

它便更加兴奋，硬是拽着我一路向西

去见它的好兄弟

题贝壳剧院

出于对大海生命的敬畏和感恩
在古代，人们以贝壳
为货币

同样地，当今人们，在珠海野狸岛
一个贝抬眼能看到的地方
为贝竖起塑像——

这世界上最大的贝壳
足以容纳
人间所有情愫

上演的剧情也许还会再现
对贝的敬畏、感恩
而贝仍像局外人，远远躲在大海里

郑国渠

去泾阳县，看郑国渠
他们说，要么去山上，要么去田里
要么去博物馆听听介绍

我有点失落，跑了那么多地方
竟没有看到
想象中壮观的遗迹

他们说：在关中，能几千年
原样存留下来的东西，只有黄帝陵
因为，它无用
有用的，岂能不被用坏

反过来，这么多水渠纵横交错着
你说哪一条
不是郑国渠？

沙漠里的爱情

乌兰布和沙漠吓退过

许多生命的脚步

却没有吓退梭梭树

小小的灌木，一旦被委以重任

连死神也不得不敬佩它们的

倔强和坚韧，不得不

让出地盘，成全它们郁葱的家园

在这里，你被染绿的惊叹

像把打开心境的钥匙

即使惯看世间沧桑，一些事

仍令你久久驻足、动容

汉子般的梭梭们身旁

总站有一个身影，那身影

姑娘一样开着好看的花朵

姑娘一样有个好听的名字——苁蓉

两种植物，在沙里拥抱一起

在沙上紧紧牵手

仿佛唯有爱，彼此才能活下来

乌兰布和沙漠吓退过

许多事物，却无法吓退它们

这爱情，放在我们中间
也称得上典范

丹江湿地

湿地保护区保护着

水草的丰茂，鸟儿的闲适

和丹江源头固有的修辞

进去时，我交出刀具、网袋之类物品

如同交出原罪

云朵们的影子如爱的手臂

只顾轻抚水边芦苇

牛羊们只顾低头吃草

并不过问我的由来

而一群鹭鸶很是警觉，在它们看来

我报以怎样的赞美，都配不上

它们的丽质与高贵

我一边走，一边琢磨，湿地

动用众多手法来构建自己的美

才呈给我们一江清流

而它却需要被强行保护起来

才不至于遭受破坏

自私与贪婪，才不至于成为

我们致命的软肋

这，多么不可思议

菏泽的牡丹

春天处处，它的美

多由花枝描述

在菏泽，描述春天的

是牡丹；人间美好

被描述到极致的，唯有牡丹

是牡丹钟情于菏泽，还是

菏泽钟情于牡丹

这里几乎汇聚了世上

所有的牡丹家族

我知道，美的事物皆有个性

能让她们走到一起

光爱还不够，还需要

比爱更辽阔的胸襟与气度

我像在翻阅牡丹的词典

每一朵都是一个词

每一个词都摇曳着、倾吐着

各自的色彩和意思

艳丽、华美、雍容、国色天香⋯⋯

词语们一旦被组装

读出怎样的句子是我的事

读成一篇文章时

我的心一再被美的暴力击溃

听说她们一些原产地在秦岭

和我同一籍贯

隔了七百公里，一千多年

她们的盛情，我的欣喜

仍是乡党间的礼仪

倘若她们再好客一分

我将忘记归程，不思陕西

在一场突然而至的雨中道别

她们翘首相送

仿佛舞蹈着汪伦的踏歌

我挥一挥衣袖，只带走

她们作为礼物赠予的芳香

因为雨，芳香沉甸甸的

在翠华山

本是来避暑，但这里 38℃的高温

逼我几乎交出了体内所有水分

攀缘于炭火般的巨石间

我正后悔，正想退缩，却被一石洞吸引

洞里只有 17℃，穿行其中

如度春秋；再进一洞，水已成冰

我已冷得瑟瑟发抖

不一会儿，这山，似乎让我

历经了一年。也许山只为展示

它的伟力与神奇，甚至

连这想法也没有，只是活在

造山运动和无数地震赋予的形态里

而我觉得它更像一个隐喻——

我们寒热不一、悲喜交替的

生存真相，被它不着一字说了出来

它是一部地质之书，也是一部

与我们命运有关的大著

致古柏

秦岭南麓的洛南县境内有一古柏,树龄约 5000 年。

——题记

称你树王、树圣,或者树神

你都当之无愧

但你一直迎风摇头,像在告诉我

世间所有名分都不必可信

我拍摄你、搂抱你、叩拜你

你却只专注于以一棵树的方式雕塑着

五千年时光的模样与质感

我最想知道,那么多袭来的

雷电、野火、刀斧,你是用一种

超出我想象的神秘之力逼退的

还是它们一见你就放弃邪念,从了善

壶口瀑布

走了那么长的路，拐了那么多的弯
到了这里，黄河隐忍的、温驯的黄
突然吼出了亮晃晃的磅礴的白

仿佛藏匿于水的
十万猛虎与雄狮，十万马匹与羊群
全都奔腾、汹涌、呼啸起来
它们在用力量挖掘地心的火
它们在用声响摇撼天际的蓝
它们在用玉一样白的帘和雾，搭建一条
站立的河，河永不坍塌的灵魂

我知道，无论怎样描述，我都无法写尽
黄河的气象，黄河的美
我也知道，壶口之下，黄河
还要走很长的路，拐很多的弯
还要在所经地理上呈现不同的美
这些，我都无法穷尽，只能将我看到的黄河
久久地久久地揣在被它浸淫得激越澎湃的内心

黄河的书法

在内蒙古巴彦淖尔,一条从黄河开口引流的人工总干渠,绵延 230 公里,被称为"二黄河"。

——题记

地图上看,黄河写出的"几" 字

遒劲而潇洒

来到河套平原,却见它

在用心写下一个"人"

一条河成了两条河

运笔深得天意,又遵从着人

为之设定的章法

苗寨的修辞

一座山是一个寨子

一个寨子也是一座山

此话说在别处，也许会让云朵

笑掉几颗大牙，说在黔东南

却像是从遍地的修辞格里

发现了某种类似真理的东西

在黔东南，我还发现，星星也有

孤独的时候，星星孤独了

就跑下来，像游子回家

而寨子也隐了身，向天上走去

它们相聚在比星空低

比人间高的地方

像刚刚诞生的一个新物种

我不知怎样为它命名

只能这样描述：它的无数眼睛

晶莹得就像被一声声狗吠

润色过的词

我也像一个词

已被苗寨的山水、风物

反复修饰过

双戏楼

一对老鸳鸯戏楼，已分不清
谁是夫，谁是妻，就像人活过百岁
已无所谓性别，就像这地方
已看不出原是水旱码头

爱也爱过了，南戏北戏
同时上演着才子佳人的故事
台下，观众像在反复出席婚宴
曲终人散后，两个戏楼
就用絮语和依偎，填补爱的空白

恨也恨过了，戏里戏外的打杀
断送了无数好姻缘
也断送了许多朝代的命运
"太残忍了" ——呜呜的风声里有戏楼的
怒吼——有时像恨自己，有时像
恨对方，有时像替谁愤恨

爱恨之间，便是一生
现在，它们仍像一对老夫妻
搀扶着，安慰着，端坐在时间的遗忘里

关山草原的马

每一座山头都像扬起的马首

林木茂密、飘逸，像马鬃

一处处草甸，像膘肥体壮的马身

我的比喻，虽然得到天上游云

和地上游客的一致认同

却遭到低头吃草的马，用很响的鼻息

表示的不满和反对

也许，在马的眼里，这些山

原本就是一匹匹马

它们的形与神，多么符合

亲人的标准，它们腹部

随风摇曳的小草，多么像爱的呼唤

它们辽阔的肌体，多么像一个个

想怎么驰骋就怎么驰骋的家

我知道，在世间，并不是谁都愿意

接纳和呵护那些漂泊的灵魂

也不是盈满笑容的面目都值得亲近

但在关山草原，我确信

马和山的关系不止几个比喻

那么简单，我确信自然之心

有比人心更真诚、纯粹的一面

神钟山

人造不了的东西，神造了出来
且把它放置在志向高远的
额尔齐斯河上游。这就是人的福分
不到新疆，不知祖国之大
这么辽阔的地方
没有几口大钟呼应怎行？
这就是人神相通
天下的钟最后都被时间击碎了
这钟却亿万年地挺立在那儿
不腐，不朽，无言地
传报四季之变和人间的安与不安
爱发声的都是凡物凡人
只有神，始终沉默

注:神钟山在新疆富蕴县境内。

青铜器说

宝鸡中国青铜器博物馆有一尊西周青铜尊,尊内底铸有 122 字铭文,其中"宅兹中国"为"中国"一词最早的文字记载。

——题记

时光逝去,朝代已朽,唯这些

青铜物件存留下来

拭去锈斑,它们仍有一张

泛着金属光辉的脸,仍想开口说话

博物馆给了属于它们的话语权

是在以器物的身份叙说

隔世的安宁与不宁,还是

作为一个陪葬者经历的死亡生活

我只能猜测。但可以肯定

它们那温厚而神秘的目光已经参与了

我们的惊叹、凝思和追问

未发声却一言九鼎,这就叫权威

其中一尊,若神,腹有诗书

且当仁不让地为我们命名了中国

窑洞工厂

　　宝鸡长乐塬抗战工业遗址里，有抗日战争时期全国最大的窑洞工厂。

　　　　　　　　　　　　　　——题记

奇迹往往源于某种窘境。窑洞

是用来住人的，但在炮火连天里

它也可藏下一个从南方

颠簸而来的工厂

在宝鸡长乐塬，二十四孔窑洞

串联而成的庞大迷宫

是人间奇迹，也是战场

流水线，也是战线

纺纱机的轰鸣声，既给勇士们

送去御寒的温暖，也给敌人

送去戏弄和鄙夷

窑洞里的每一个故事，传出的每一种声音

都向历史的天平上加着砝码

人心所向的砝码，就像

现在这里的安静

如地心，如天下所有安静需要的砝码

驿　站

望穿秋水，望穿层层雾霭，依稀现出

客栈、酒楼，和青石铺就的弯弯的巷子

似有柔柔的歌声移过来，缚住

沾满风尘的马蹄。马背上的

家国之事，再是火急火燎，也得口气

享用一下庙堂之远，日月的安抚

小二呈上的酒，醉了武松

也醉了武松要打的老虎

烛影摇红，摇落刀剑上的光——

多像一个生性古怪、易变的人，玩着的游戏啊

他喜，便是土木之兴

他怒，便是杀伐之声；他玩腻了

双手一推，客栈便倒，雾便散尽

驿站，和它的熙攘、风流

便陷入一片荒芜中

望穿秋水，水自东流

倒是鸭子们怀古，把废墟刨了一遍

又刨了一遍，终是读之不懂，头

就伸得好长好高，像一个个疑问号

而千年乌龟，一直在研墨，却无从下笔

干脆紧盖了砚盒，在水里游来游去

隧道帖

1

无数路径，就有无数选择
谁更妥帖，更合乎
我的审美
山并不给出答案

山之风花雪月，抚慰过
我的孤旅，也阻隔过
我的赶考和赴任
我见庙就进香，见佛就拜
终未修成正果

2

原本只堪图画
我要它堪于通行
冒着被神惩罚的危险
我要从它身上

辟开一条捷径

像鸟儿辟开天空
直直地飞去，我也直直地
穿过山的子午线

3

像一位医生，有时候
我用云雾的麻醉剂，为它止疼
有时候，任由它流泪
继续刮骨取髓

起初，它还以石质的坚硬，与我抗衡
以洞内的暗流、塌方，逼我退却
但在我火光四射的雄心面前
它露出了哀求的眼神
哀求我，给它留下一座山
最后的尊严

4

我是愚公的后人，却少了他的耐心
凭借威猛的机器

我太行山王屋山一路凿去

终南山横断山阿尔卑斯山安第斯山……

我所向披靡

我的手艺愈加精湛

我怒吼如雷，我的激情

如一道道闪电

我是王，而它们

都是臣民

5

让我从凿开一条条隧道的狂热里

冷静下来的，并非山

漏洞迭出的窘态

而是，它们依然挺拔、高峻

于我的仰望中

我从肚脐眼一样的隧道钻出钻进

它们依然温厚如佛

一遍遍抚摸着我

图书在版编目（CIP）数据

采芝歌 / 南书堂著. -- 武汉 ：长江文艺出版社，
2025. 7. -- ISBN 978-7-5702-4032-6

Ⅰ．I227

中国国家版本馆 CIP 数据核字第 2025R73T50 号

采芝歌
CAI ZHI GE

——

责任编辑：胡　璇　　　　　　　　　责任校对：程华清
封面设计：祁泽娟　　　　　　　　　责任印制：邱　莉　　王光兴

——

出版：长江出版传媒 ｜ 长江文艺出版社
地址：武汉市雄楚大街 268 号　　　　邮编：430070
发行：长江文艺出版社
http://www.cjlap.com
印刷：湖北恒泰印务有限公司

——

开本：880 毫米×1230 毫米　　　1/32　　　印张：7
版次：2025 年 7 月第 1 版　　　　　2025 年 7 月第 1 次印刷
行数：4082 行

——

定价：58.00 元

——